MW00651824

הִנֵּנִי

THE NEW HEBREW THROUGH PRAYER

WORKBOOK
1

Roberta Osser Baum

Cover and Book Design: Irving S. Berman
Electronic Composition and Page Production:
21st Century Publishing and Communications
Project Editor: Terry S. Kaye

Copyright © 2001 Behrman House, Inc.
Millburn New Jersey
www.behrmanhouse.com
ISBN 0-87441-136-0
ISBN 13: 978-0-87441-136-2

בָּרְכוּ

A Call to Prayer

The בָּרְכוּ, the *Call to Prayer*, is the official start of the prayer service. Write the בָּרְכוּ on the lines below by placing the Hebrew words in the correct order. Use the English below each line as your guide. A writing chart at the back of this book shows the Hebrew letters in print and script.

הַמְבֹרָךְ   לְעוֹלָם וָעֶד   בָּרְכוּ   יְיָ   בָּרוּךְ

_____   אֶת   _____   _____

who is to be praised   Adonai   praise

_____   _____   _____   _____

forever and ever   who is to be praised   Adonai   praised is

2

FAMILY LETTERS

In the בָּרְכוּ, members of the letter family כ כ ך appear in the following words:

בָּרְכוּ   בָּרוּךְ   הַמְבֹרָךְ

Each word below contains one or more members of this letter family. Practice reading the words.

Circle the three words below that appear in the בָּרְכוּ.

(Hint: See lines 3 and 6.)

כ

1. כַּכָּתוּב   כָּמוֹהוּ   מַלְכֵּנוּ   כֹּהֲנִים   כִּסְאוֹ

2. כֻּלָּנוּ   סֻכָּה   חֲנֻכָּה   כָּנָף   כָּבוֹד

ך

3. אֲכִילַת   צֵאתְכֶם   עֵינֵיכֶם   בָּרְכוּ

4. וּבְרָכָה   בּוֹאֲכֶם   מַלְאָכֵי

כ כ

5. כָּמֹכָה   שֶׁכָּכָה   כְּכֹלוֹת   כּוֹכְבֵי

ך ך

6. בָּרוּךְ   בֵּיתֶךָ   כָּמוֹךָ   הַמְבֹרָךְ   יָדְךָ   יִמְלֹךְ

FINAL LETTERS

Five letters have final forms: ם מ ן נ ץ צ ף פ ך כ.

The final letter ך is written with the vowel ֶ or ָ (ךְ or ךָ).

The other four final letters are usually not written with vowels: ף ץ ן ם.

Practice reading the word-parts and words below. Each one contains a final letter.

ם

1. לָם חֶם דִים הָעוֹלָם לֶחֶם מוֹעֲדִים

ן

2. מֶן פֶּן תֶּן אָמֵן הַגֶּפֶן נוֹתֵן

ץ

3. עֵץ רֶץ פֵּץ הָעֵץ הָאָרֶץ חָפֵץ

ף

4. גּוּף לִיף סֵף הַגּוּף יַחֲלִיף יוֹסֵף

ךָ

5. לֶךָ תָךָ רִיךָ מֶלֶךָ אוֹתָךָ בְּרִיךָ

ךְ

6. שֶׁךְ לֵיךְ שִׁיךְ אֵלֶיךְ מַעֲשֶׂיךְ

4

RECOGNIZING THE ROOT ברכ

You know the following words built on the root ברכ:

הַמְבֹרָךְ   בָּרוּךְ   בָּרְכוּ

Unscramble the English letters below and write the two meanings of the root ברכ.

_____   _____

      (slebs)   (asipre)

Practice reading these words built on the root ברכ.

1. בְּרָכוֹת   יְבָרֶכְךָ   בָּרְכוּנִי   יִתְבָּרַךְ   בִּרְכַּת

2. וּבְרָכָה   בָּרְכֵנוּ   בְּרָכָה   הַמְבֹרָךְ   בָּרְכוּ

SIDDUR PHRASES

Write the root letters ברכ over each word built on the root ברכ.
Read the word. Then read the complete phrase.

1. בָּרוּךְ אַתָּה יְיָ נוֹתֵן הַתּוֹרָה

2. בָּרְכוּ אֶת־יְיָ הַמְבֹרָךְ

3. בִּרְכַּת הַמָּזוֹן

4. וְעַל כֻּלָּם יִתְבָּרַךְ וְיִתְרוֹמַם שִׁמְךָ מַלְכֵּנוּ

5. שִׂים שָׁלוֹם טוֹבָה וּבְרָכָה

Which phrase is the first sentence of the בָּרְכוּ? Write the phrase number here. _____

READING RULE

The דָּגֵשׁ

The דָּגֵשׁ is a special dot sometimes found in the middle of a Hebrew letter.

The דָּגֵשׁ changes the sound of these family letters:

פ פ   כ כ   ב ב

Many times the דָּגֵשׁ does *not* change the sound of a letter:

ל י ט ו ז ד ג

שׁ שׂ ק צ ס נ מ

Write the letter with a דָּגֵשׁ above that looks like the vowel sound "oo." _____

Each letter below has a דָּגֵשׁ. Circle the sounds that change because a דָּגֵשׁ has been added.

1. דּ מּ גּ בּ קּ סּ פּ
2. לּ נּ תּ צּ כּ יּ בּ
3. שּׁ זּ טּ פּ שּׁ וּ כּ

SIDDUR PHRASES

Each phrase contains words written with a דָּגֵשׁ.

Read each word with a דָּגֵשׁ.

Then read the complete phrase.

1. בְּאֵלִיָּהוּ הַנָּבִיא עַבְדֶּךָ
4. כִּי מִצִּיּוֹן תֵּצֵא תוֹרָה

2. וּבַיּוֹם הַשְּׁבִיעִי שָׁבַת וַיִּנָּפֵשׁ
5. דְּרָכֶיהָ דַּרְכֵי נֹעַם

3. וְכֹל הַחַיִּים יוֹדוּךָ סֶּלָה
6. וַיָּרֶם קֶרֶן לְעַמּוֹ

6

ALEF-BET REVIEW

Sound Off

Can you recite the name of each letter in the Hebrew alphabet below and say the sound each one makes?

Which two letters make no sound? Write them in the box. ☐

מ ם ל כ ך י ט ח ז ו ה ה ד ג ב ב א

ת ת שׁ שׂ ר ק צ ץ פ פ ף ע ס נ ן

It's a Fact!

Count the letters above. How many are there? _____

Now count them again, but this time count only *one* member of each set of family letters. How many are there? _____

This is the number of letters in the Hebrew alphabet.

A YOM KIPPUR PRAYER

וִדּוּי

On Yom Kippur we recite the וִדּוּי prayer in which we confess our sins.

The sins in וִדּוּי are listed in alphabetical order. This arrangement is called an acrostic.

Practice reading the וִדּוּי prayer. Before reading each word or phrase, say the name of the letter that begins the word or phrase.

19. קִשִּׁינוּ עֹרֶף.	13. מָרַדְנוּ.	7. זַדְנוּ.	1. אָשַׁמְנוּ.
20. רָשַׁעְנוּ.	14. נִאַצְנוּ.	8. חָמַסְנוּ.	2. בָּגַדְנוּ.
21. שִׁחַתְנוּ.	15. סָרַרְנוּ.	9. טָפַלְנוּ שֶׁקֶר.	3. גָּזַלְנוּ.
22. תִּעַבְנוּ.	16. עָוִינוּ.	10. יָעַצְנוּ רָע.	4. דִּבַּרְנוּ דֹּפִי.
23. תָּעִינוּ.	17. פָּשַׁעְנוּ.	11. כִּזַּבְנוּ.	5. הֶעֱוִינוּ.
24. תִּעְתָּעְנוּ.	18. צָרַרְנוּ.	12. לַצְנוּ.	6. וְהִרְשַׁעְנוּ.

7

מַעֲרִיב עֲרָבִים / יוֹצֵר אוֹר

The Cycle of Time

Two prayers, one for evening and one for morning, praise God for the cycle of time. We recite מַעֲרִיב עֲרָבִים each evening as daylight turns to darkness. We recite יוֹצֵר אוֹר each morning as darkness turns back to daylight.

Complete the final Hebrew sentence of each prayer.

(Hint: Look on pages 14 and 18 in your textbook.)

Then, complete the English meaning of each blessing.

EVENING

בָּרוּךְ אַתָּה, יְיָ, _____ _____ ◆

Praised are You, Adonai, _____.

MORNING

בָּרוּךְ אַתָּה, יְיָ, _____ _____ ◆

Praised are You, Adonai, _____.

RECOGNIZING A BLESSING

A blessing is a prayer that praises God for things we are grateful for. It is a way to say "thank you."

Write the Hebrew phrase that indicates מַעֲרִיב עֲרָבִים and יוֹצֵר אוֹר are blessings.

_____

Praised are You, Adonai

Why do you think we praise God for darkness?

_____

Why do you think we praise God for light?

_____

VOWEL KNOW-HOW

The vowel וֹ and the vowel וּ look similar. Say the sound each vowel makes.

Say the sound these vowels make: ָ

Read each line aloud.

חוֹת	עַל	זֹא	נֹכִי	אוֹת .1
הַדְהוּ	סְבִּין	תֵּינוּ	סֹךְ	יָנוּ .2
דֹר	יוֹם	הָיוּ	כֻּלָם	מֹנוּ .3

SIDDUR PHRASES

Read each complete phrase.

5. עַל מְזֻזוֹת בֵּיתֶךָ	1. אוֹת הִיא לְעֹלָם
6. וּבוֹרֵא אֶת הַכֹּל	2. מִי כָמֹכָה נֶאְדָּר בַּקֹּדֶשׁ
7. לֵישֵׁב בַּסֻּכָּה	3. כֻּלָנוּ מְסֻבִּין
8. תָּמִיד יִמְלֹךְ עָלֵינוּ	4. יוֹצֵר הַמְּאוֹרוֹת

Write the phrase from the lines above that is found in מַעֲרִיב עֲרָבִים.

_____

Write the phrases from the lines above that are found in יוֹצֵר אוֹר.

_____   _____

9

RECOGNIZING THE ROOT ערב

Each word in the phrase מַעֲרִיב עֲרָבִים is built on the root ערב.

What is the meaning of the root ערב? _____

What is the meaning of the phrase מַעֲרִיב עֲרָבִים? _____

(Hint: Look on pages 15 and 17 in your textbook.)

Jewish holidays begin in the evening. The word עֶרֶב means "evening." When we say עֶרֶב before the name of a Jewish holiday, it indicates the evening the holiday begins. Add the word עֶרֶב to each holiday phrase.

_____ שַׁבָּת	_____ ראש הַשָּׁנָה	_____ יוֹם כִּפּוּר
_____ סֻכּוֹת	_____ שִׂמְחַת תּוֹרָה	_____ חֲנֻכָּה
_____ פּוּרִים	_____ פֶּסַח	_____ שָׁבוּעוֹת

AS EVENING FALLS

Write the answers in English:

What evening of each week is עֶרֶב שַׁבָּת? _____

How many candles do we light on עֶרֶב חֲנֻכָּה? _____

What scroll is read in the synagogue on עֶרֶב פּוּרִים? _____

What ritual do we follow in our homes on עֶרֶב פֶּסַח? _____

READING RULE
Double-Duty Dot

Sometimes the dot in the שׁ serves two purposes.

The dot identifies the letter שׁ and also serves as the vowel "o" for the letter that comes before the שׁ (חֹשֶׁךְ = שֶׁךְ + חֹ).

Two = One

Combine the two dots in each word to create one "double-duty" dot for each word. Rewrite the word.

_____	=	מֹשֶׁה
_____	=	שָׁלֹשׁ
_____	=	חֹשֶׁךְ
_____	=	לִפְרֹשׁ

Rhythm Reading

Practice reading the word-parts and words below. Each one has a "double-duty" dot.

1. חֹשׁ   מֹשׁ   עֹשׁ   לֹשׁ   דֹשׁ   בֹּשׁ   רֹשׁ

2. קָדֹשׁ   שָׁלֹשׁ   לִלְבֹּשׁ   לִפְרֹשׁ

3. לָשֶׁת   חֹשֶׁת   שְׁלֹשֶׁת   נְחֹשֶׁת

4. מֹשֶׁה   כְּמֹשֶׁה   מֹשֶׁךְ   חֹשֶׁךְ

SIDDUR PHRASES

Draw a circle around the "double-duty" dot in each phrase.

Read the word. Then read the phrase.

1. בְּיַד מֹשֶׁה

2. יוֹצֵר אוֹר וּבוֹרֵא חֹשֶׁךְ

3. אָחַז יֹשְׁבֵי פְּלָשֶׁת

4. וּבְמֹשֶׁה עַבְדּוֹ

5. כִּי לֹא יִטֹּשׁ יְיָ עַמּוֹ

> Which phrase means "Who forms light and creates darkness"?
>
> Write the phrase number here. _____
>
> *(Hint: See pages 18 and 19 in your textbook.)*

READING וְ AND וּ AT THE BEGINNING OF A WORD

וְ and וּ mean "and" when they are attached to the beginning of a word.

וְשָׁלוֹם   וּמוֹדִים

Word Building

Read each word-part. Then read the complete word.

וּבַיּוֹם	יוֹם בַ וּ	.6	וְקַיָּם	יָם קַ וְ	.1
וּמָגֵן	גֵן מָ וּ	.7	וְרוֹפֵא	פֵא רוֹ וְ	.2
וּבוֹרֵא	רֵא בּוֹ וּ	.8	וְאוֹתָנוּ	תָנוּ אוֹ וְ	.3
וּבָאָרֶץ	רֶץ אָ בָ וּ	.9	וְהִגִּיעָנוּ	עָנוּ גִי הִ וְ	.4
וּמַשְׁבִּיעַ	עַ בִּי מַשׁ וּ	.10	וְאָהַבְתָּ	תָ בְ הַ אָ וְ	.5

Complete the words in the following phrases from יוֹצֵר אוֹר and מַעֲרִיב עֲרָבִים.

(Hint: Look for the missing words in the "Word Building" exercise above or read pages 14 and 18 in your textbook.)

.1 וְ חַי וְ _____

.2 יוֹצֵר אוֹר וּ _____ חֹשֶׁךְ

.3 עֹשֶׂה שָׁלוֹם וּ _____ אֶת הַכֹּל

ENDING LETTERS

A letter at the beginning or in the middle of a word needs a vowel to be pronounced.

However, a letter at the end of a word can be pronounced without a vowel.

זֵכֶר   חֶסֶד

Add the correct letter to complete each of the following words. The name of the missing letter is above the line number.

Then read each word aloud. Be sure you sound the last letter in the word!

				Resh
אוֹ ____	נֵ ____	יוֹצֵ ____	תָּסִי ____	.1
				Vet
אוֹהֵ ____	עֶר ____	לוֹל ____	מַעֲרִי ____	.2
				Tav
גְּבוּרוֹ ____	אַהֲבַ ____	לַעֲשׂוֹ ____	שַׁבָּ ____	.3
				Dalet
אַפְקִי ____	וָעֶ ____	אֶחָ ____	תָּמִי ____	.4
				Shin
רֹא ____	שֶׁתְּחַדֵּ ____	וַיִּנָפַ ____	קַדוֹ ____	.5

- Write the two words in line 1 above that make up the name of the morning blessing that praises God for light. _____ _____

- Write the two words in line 2 that are built on the root עֶרֶב.

  _____ _____

  What does the root עֶרֶב mean? _____

- Write the word in line 3 that completes the name of the evening blessing that praises God for giving us Torah and mitzvot. *(Hint: See page 21 in your textbook.)*

  עוֹלָם _____

- Write the word in line 4 that completes the phrase meaning "forever and ever."

  _____ לְעוֹלָם

- Write the word in line 5 that is the name of the blessing we say over wine on עֶרֶב שַׁבָּת. _____

מַעֲרִיב עֲרָבִים/יוֹצֵר אוֹר

Practice reading the complete מַעֲרִיב עֲרָבִים.

מַעֲרִיב עֲרָבִים

1. בָּרוּךְ אַתָּה, יְיָ אֱלֹהֵינוּ, מֶלֶךְ הָעוֹלָם, אֲשֶׁר בִּדְבָרוֹ מַעֲרִיב

2. עֲרָבִים. בְּחָכְמָה פּוֹתֵחַ שְׁעָרִים, וּבִתְבוּנָה מְשַׁנֶּה עִתִּים,

3. וּמַחֲלִיף אֶת־הַזְּמַנִּים, וּמְסַדֵּר אֶת־הַכּוֹכָבִים בְּמִשְׁמְרוֹתֵיהֶם

4. בָּרָקִיעַ כִּרְצוֹנוֹ.

5. בּוֹרֵא יוֹם וָלָיְלָה, גּוֹלֵל אוֹר מִפְּנֵי חֹשֶׁךְ

6. וְחֹשֶׁךְ מִפְּנֵי אוֹר, וּמַעֲבִיר יוֹם וּמֵבִיא לָיְלָה, וּמַבְדִּיל בֵּין

7. יוֹם וּבֵין לָיְלָה, יְיָ צְבָאוֹת שְׁמוֹ.

8. אֵל חַי וְקַיָּם, תָּמִיד יִמְלֹךְ עָלֵינוּ, לְעוֹלָם וָעֶד.

9. בָּרוּךְ אַתָּה, יְיָ, הַמַּעֲרִיב עֲרָבִים.

Can you find the phrase that means "brings on the evening"?

How many times does it appear? _____

Write the phrase here. _____

Practice reading the complete יוֹצֵר אוֹר.

יוֹצֵר אוֹר

1. בָּרוּךְ אַתָּה, יְיָ אֱלֹהֵינוּ, מֶלֶךְ הָעוֹלָם, יוֹצֵר אוֹר וּבוֹרֵא חֹשֶׁךְ,
2. עֹשֶׂה שָׁלוֹם וּבוֹרֵא אֶת־הַכֹּל.

3. הַמֵּאִיר לָאָרֶץ וְלַדָּרִים עָלֶיהָ בְּרַחֲמִים, וּבְטוּבוֹ מְחַדֵּשׁ
4. בְּכָל־יוֹם תָּמִיד מַעֲשֵׂה בְרֵאשִׁית.

5. מָה רַבּוּ מַעֲשֶׂיךָ, יְיָ! כֻּלָּם בְּחָכְמָה עָשִׂיתָ, מָלְאָה
6. הָאָרֶץ קִנְיָנֶךָ.

7. תִּתְבָּרַךְ, יְיָ אֱלֹהֵינוּ, עַל־שֶׁבַח מַעֲשֵׂה יָדֶיךָ, וְעַל־מְאוֹרֵי־אוֹר
8. שֶׁעָשִׂיתָ: יְפָאֲרוּךָ. סֶלָה. בָּרוּךְ אַתָּה, יְיָ, יוֹצֵר הַמְּאוֹרוֹת.

Can you find the word on line 3 that means "gives light"?

Write it here. _____

(Hint: It is based on the word אוֹר.)

15

שְׁמַע

3

Our Pledge of Loyalty

When we recite the שְׁמַע we are stating our belief in one God. Write the שְׁמַע
on the lines below by placing the Hebrew words in the correct order. Use the English
below each line as your guide.

שְׁמַע   אֶחָד   יִשְׂרָאֵל

יְיָ   אֱלֹהֵינוּ

_____	_____
O Israel	Hear
_____	_____
our God	Adonai
_____	_____
One	Adonai

VOWEL KNOW-HOW

The vowels ָ and ֵ are sometimes followed by a י at the *end* of a word.
The י changes the sound of ָ and ֵ to "eye."

eye = ֵי   eye = ָי

שַׂדֵי   אֲדֹנָי

Rhythm Reading

Read each word-part with the ending sound "eye."
Then read each whole word.

6.	תֵי	אֲבוֹתֵי		1.	תַי	רַבּוֹתַי
7.	הֵי	אֱלֹהֵי		2.	דַּי	שַׂדֵי
8.	תֵי	וּשְׂפָתֵי		3.	נַי	סִינַי
9.	נָי	אֲדֹנָי		4.	לַי	עָלַי
10.	רֵי	חֲבֵרֵי		5.	יָי	חַיָי

Which of these words do we read in the שְׁמַע? _____

(Hint: The spelling is different in the שְׁמַע.)

In the End

Add י to the end of each word to change the *ending* sound to "eye."
Read each word.

עַל   דְּבָר   וּשְׂפָת   חַ   אֲבוֹת

17

FAMILY LETTERS

The family letters שׁ and שׂ appear in the words שְׁמַע and יִשְׂרָאֵל.

Practice reading the word-parts below.

שׁ שׂ

1. שָׁר שֶׁנָ שֶׁל שָׁתוּ שֵׁם שְׁמַ
2. שׁוּת שֶׂה שַׂר שְׁמֶ שׁוֹן שִׂים
3. שֶׁלוּ שׂוֹר שֶׂד שִׂיפְ שֶׂגָ שַׂאָ

Look to the Right שׁ

Place the dot on the *right* of each שׁ to make each שׁ say "sh."

Circle the word below that means "hear." Write the word. _____

שָׁלוֹם שַׁבָּת שׁוֹפָר
שֶׁמֶשׁ שְׁמַע בְּרֵאשִׁית

Look to the Left שׂ

Place the dot on the *left* of each שׂ to make each שׂ say "s."

Circle the word below that means "Israel." Write the word. _____

יִשְׂרָאֵל שָׂמֵחַ שָׂשׂוֹן
וַעֲשִׂיתֶם שִׂמְחֵנוּ לְמַעֲשֶׂה

Tongue Twisters

Can you read these שׁ שׂ combinations without twisting your tongue?

1. שׁוֹשׂוֹ שׂוּשׂוֹ שָׁשׂ שָׁשֵׁ שׁוֹשׂ
2. שָׁשׂ שׁוֹשׂוּ שְׁשִׂי שַׁשָׂ שֶׁשֵׁ
3. שֶׁשֵׂ שָׁשׂ שֶׁשׁוּ שָׁשׂ שֶׁשׂ שִׂשׁוּ

18

SSSH!

The letters *alef* (א) and *ayin* (ע) do not make a sound. Only their vowels are sounded.

עוֹ   אֶ   עִי   אַ

Sometimes א and ע do not have a vowel. Circle each א and ע in these words.

רֹאשׁ   שְׁמַע   בְּרֵאשִׁית

Letter Writing

Write *alef* (א) 10 times on the first line below. Write *ayin* (ע) 10 times on the next line.

Select vowel sounds from the box to write with each א and ע.

Challenge a partner to read your sets of sounds aloud!

Alef

_____

Ayin

_____

READING RULE
Silent ה

The letter ה usually has the sound "h."

However, the letter ה does not have a sound when it comes at the *end* of a word and does *not* have a vowel or a דָּגֵשׁ:   תּוֹרָה   מוֹדֶה   אַתָּה.

Word Building

Read each word-part. Put the word-parts together and read each whole word.

1. סֶ לָה   סֶלָה   5. חֲ נֻ כָּה   חֲנֻכָּה   9. יְ הוּ דָה   יְהוּדָה

2. הֹ וֶה   הֹוֶה   6. שֶׁ עֲ שָׂה   שַׁעֲשָׂה   10. בְּ רָ כָה   בְּרָכָה

3. מַ צָה   מַצָּה   7. נֶ הְ גֶּה   נֶהְגֶּה   11. מְ זוּ זָה   מְזוּזָה

4. הַ זֶּה   הַזֶּה   8. אַ הֲ בָה   אַהֲבָה   12. תְּ פִ לָה   תְּפִלָּה

19

PRAYER PHRASES

Circle the words in the prayer phrases that contain both a sounded ה and a ה with no sound.

Practice reading each complete phrase.

6.	וְהָיוּ הַדְּבָרִים הָאֵלֶּה	1.	וְהוּא הָיָה וְהוּא הֹוֶה
7.	בְּאַהֲבָה וּבְרָצוֹן הִנְחִילָנוּ	2.	הַהֵם בַּזְּמַן הַזֶּה
8.	בּוֹרֵא פְּרִי הָאֲדָמָה	3.	וְזֹאת הַתּוֹרָה
9.	חַג הַמַּצּוֹת הַזֶּה	4.	וְלוֹ הָעֹז וְהַמִּשְׂרָה
10.	תְּהִלָּה לְכָל חֲסִידָיו	5.	מַה נִּשְׁתַּנָּה הַלַּיְלָה הַזֶּה

THE RESPONSE

The first sentence of the שְׁמַע comes from the Torah (Deuteronomy 6:4). In the days when the Temple stood in Jerusalem, people began reciting a second sentence as a response to the words of the שְׁמַע.

Write the response on the lines below by placing the Hebrew words in the correct order.

(Hint: See page 28 in your textbook.)

כָּבוֹד   בָּרוּךְ   לְעוֹלָם וָעֶד   שֵׁם   מַלְכוּתוֹ

_____ _____ _____ _____

What is the English meaning of the response?

_____

A SPECIAL שׁ

The Hebrew letter שׁ is found on many מְזֻזוֹת. The שׁ represents God's name, שַׁדַּי, "Almighty." Sometimes the complete name, שַׁדַּי, is found on the מְזוּזָה. There is a tradition that says that the Hebrew letters that make up the name שַׁדַּי are also initials for the phrase שׁוֹמֵר דַּלְתוֹת יִשְׂרָאֵל, "Guardian of the Doors of Israel." The letter שׁ can help us remember that the שְׁמַע is found inside the מְזוּזָה.

HEAR OUR VOICE

שְׁמַע קוֹלֵנוּ

To hear is more than simply to listen. When we truly hear, we open our minds and our hearts to the meaning of the words. In the prayer שְׁמַע קוֹלֵנוּ, *Hear Our Voice*, we ask God to hear our prayers and accept them with compassion.

Practice reading the prayer. Then:

- Circle the Hebrew words you know—"hear," "God," "our God."

- Underline the words with letters from the letter families ב כ, כ ך כ, and שׁ שׂ.

1. שְׁמַע קוֹלֵנוּ, יְיָ אֱלֹהֵינוּ, חוּס וְרַחֵם עָלֵינוּ,

2. וְקַבֵּל בְּרַחֲמִים וּבְרָצוֹן אֶת־תְּפִלָּתֵנוּ.

3. הֲשִׁיבֵנוּ יְיָ אֵלֶיךָ וְנָשׁוּבָה, חַדֵּשׁ יָמֵינוּ כְּקֶדֶם.

4. אַל תַּשְׁלִיכֵנוּ מִלְּפָנֶיךָ, וְרוּחַ קָדְשְׁךָ אַל תִּקַּח מִמֶּנּוּ.

5. אַל תַּשְׁלִיכֵנוּ לְעֵת זִקְנָה, כִּכְלוֹת כֹּחֵנוּ אַל תַּעַזְבֵנוּ.

6. אַל תַּעַזְבֵנוּ, יְיָ אֱלֹהֵינוּ, אַל תִּרְחַק מִמֶּנּוּ.

7. כִּי לְךָ יְיָ הוֹחָלְנוּ, אַתָּה תַעֲנֶה, אֲדֹנָי אֱלֹהֵינוּ.

וְאָהַבְתָּ

Heart, Soul, Might

The וְאָהַבְתָּ prayer comes from the Torah (Deuteronomy 6:5-9). It follows immediately after the שְׁמַע. The וְאָהַבְתָּ speaks directly to *you*. You are commanded to love God "with all your heart, and with all your soul, and with all your might."

Using the three Hebrew words below, complete the phrases from וְאָהַבְתָּ.

(Hint: See page 34 in your textbook.)

נַפְשְׁךָ   מְאֹדֶךָ   לְבָבְךָ

3. ‎-וּבְכָל _____   2. ‎-וּבְכָל _____   1. ‎-בְּכָל _____

and with all <u>your might</u>   and with all <u>your soul</u>   with all <u>your heart</u>

VOWEL KNOW-HOW

The vowel ָ usually has the sound "ah." The vowel ָ has the "oh" sound in the words כָּל and כָּל.

כָּל and כָּל both mean "all."

Read both lines aloud.

from all: מִכָּל		all: כָּל .1
to all: לְכָל	with all, in all: בְּכָל	.2

A Prefix

A prefix is a unit of meaning attached to the beginning of a word.

Reread "Vowel Know-How" above and write the following:

- the Hebrew prefix that means

  from: _____   with: _____   to: _____

Familiar Phrases

Circle כָּל and כָּל in the phrases below.

What is the meaning of these words? _____

Read each complete phrase.

Which two phrases do we read in the הַגָּדָה at the פֶּסַח seder? #_____ and #_____

מְלֹא כָל הָאָרֶץ כְּבוֹדוֹ .1

בְּכָל עֵת וּבְכָל שָׁעָה בִּשְׁלוֹמֶךָ .2

מַה נִשְׁתַּנָה הַלַּיְלָה הַזֶּה מִכָּל הַלֵּילוֹת? .3

וְגֵרַלְנוּ כְּכָל הֲמוֹנָם .4

שֶׁבְּכָל הַלֵּילוֹת אָנוּ אוֹכְלִין .5

READING RULE

A Special Letter

Sometimes a letter changes its sound when it has a דָּגֵשׁ: בּב כּכ פּפ.
The letter *vav* with a דָּגֵשׁ (וּ) does not change its sound.
Write the English sound below each of these Hebrew letters.

ט   וּ   מּ   ס   ק

_____   _____   _____   _____   _____

Which *letter* looks like the vowel sound "oo"? _____

> Two clues tell you when וּ is a Vav with a דָּגֵשׁ:
> 1. If the letter *preceding* וּ already has a vowel (וְצִוָּנוּ)
> 2. If וּ has its own vowel sound (וְצִוָּנוּ)

Word Building

Read each word-part.

Put the word-parts together and read each whole word. (Remember the two reading clues when you see וּ.)

1. קָ וָם קַוָּם		
2. צָ וָה צִוָּה		
3. קָ וִי נוּ קַוִּינוּ		
4. כַּ וָ נָה כַּוָּנָה		
5. וְ צַ וָ נוּ וְצִוָּנוּ		
6. מְ צַ וְ ךָ מְצַוְּךָ		

The Missing Word

Add the word that is missing from this sentence in וְאָהַבְתָּ.

(Hint: The missing word is in the "Word Building" exercise above and also on page 34, line 3, in your textbook.)

וְהָיוּ הַדְּבָרִים הָאֵלֶּה, אֲשֶׁר אָנֹכִי _____ הַיּוֹם, עַל-לְבָבֶךָ.

Set these words, which I <u>command you</u> this day, upon your heart.

SH'VA

Sounded Sh'va

The vowel ְ is called *sh'va*.

When *sh'va* is sounded, it is pronounced "uh," as "alone."

At the beginning of a word *sh'va* is always sounded (כְּ שֵׁם).

Read each word-part. Read the complete word.

בְּשָׁמַיִם	מַיִם	שָׁ	בְּ	.4	כָּבוֹד	בוֹד	כְּ	.1
מְזֻזוֹת	זוֹת	זֻ	מְ	.5	בְּרִית	רִית	בְּ	.2
לְעוֹלָם	לָם	עוֹ	לְ	.6	שְׁבִיעִי	עִי	בִי	שְׁ	.3

Quiet Sh'va

In the middle of a word *sh'va* is often *not sounded*. Read each word-part. Read the complete word.

אֶתְכֶם		כֶם	אֶת	.1
מִצְרַיִם	יִם	רַ	מִצְ	.2
אֲנַחְנוּ	נוּ	נַחְ	אֲ	.3
וְאָהַבְתָּ	תָּ	הַבְ	אָ	וְ	.4

Sh'va x 2

When two *sh'va* vowels appear in the middle of a word (ְ ְ), the first *sh'va* is *not sounded* and the second *sh'va* is *sounded* (נַפְשְׁךָ).

Separate the double *sh'va* (ְ ְ) vowels in each word and place a word-part in each column.

Read each word-part and then read the whole word.

With All Your Heart	SOUNDED SH'VA שְׁךָ	SILENT SH'VA נַפְ	
Draw a heart around the numbers next to the words to the right that we read in וְאָהַבְתָּ.	_____	_____	נַפְשְׁךָ .1
	_____	_____	בְּשִׁבְתְּךָ .2
	_____	_____	וּבְלֶכְתְּךָ .3
(Hint: See page 34 and the top of page 41 in your textbook.)	_____	_____	וּבְשָׁכְבְּךָ .4
	_____	_____	תִּזְכְּרוּ .5

ךָ ENDING

The word ending ךָ means *you* and *your*. Add ךָ to complete these words from וְאָהַבְתָּ.

1. מְצַוְ____   מְאֹדֶ____   נַפְשְׁ____   לְבָבְ____   אֱלֹהֶי____

2. וּבְלֶכְתְּ____   בְּבֵיתֶ____   בְּשִׁבְתְּ____   לְבָנֶי____   לְבָבְ____

3. וּבִשְׁעָרֶי____   בֵּיתֶ____   עֵינֶי____   יָדֶ____   וּבְקוּמֶ____   וּבְשָׁכְבְּ____

Reading Rounds

Read the words above with a reading partner.

One partner should read the beginning of each word.

The other should respond with the ךָ ending for the word.

Then switch reading roles.

LOOK-ALIKE LETTERS

The letters צ and ע look similar.

Circle the words in the lines below found in וְאָהַבְתָּ.

(Hint: See page 34 in your textbook.)

Read the circled words aloud. Then read the remaining words aloud.

1. וַעֲשִׂיתֶם   עֹנֶג   יִצְחָק   וְצִוָּנוּ   לְעוֹלָם

2. וּבִשְׁעָרֶיךָ   צִיּוֹן   לְמַעַן   עֵינֶיךָ   צְדָקָה

3. הָעֵץ   הוֹצֵאתִי   מִצְוֹתַי   יַעֲקֹב   מְצַוְּךָ

Tongue Twisters

Can you read these ע צ combinations without twisting your tongue?

1. עֶע   צוּעוּ   עֶצ   צוּצָ   עַצִי

2. צַע   עֲצִי   צוּצוּ   עֶצֶ   צַעִי

26

RECOGNIZING THE ROOT אהב

The word וְאָהַבְתָּ, "you shall love," is built on the root אהב, meaning "love."

Read the first sentence in וְאָהַבְתָּ. Circle the root אהב in the sentence.

וְאָהַבְתָּ אֵת יְיָ אֱלֹהֶיךָ

You shall love Adonai, your God

Below are other words that talk about our love for God and God's love for us. Add the root letters אהב to each vowel to complete the words.

Practice reading the words.

4. ‎תָ ־ ־ ‎   1. ‎ה ־ ־ ‎

5. ‎ים ‎הָ ־ ־ ‎   2. ‎וְ ‎תְךָ ־ ־ ‎

6. ‎תָנוּ ־ ־ ‎   3. ‎בְּ ‎ה ־ ־ ‎

FROM THE MORNING SERVICE

אַהֲבָה רַבָּה

The first blessing we recite before the שְׁמַע and וְאָהַבְתָּ in the morning service is יוֹצֵר אוֹר. The second blessing we recite before the שְׁמַע and וְאָהַבְתָּ in the morning service is אַהֲבָה רַבָּה, which means "Great Love." The prayer speaks of God's great love for the people of Israel, symbolized by God's giving of the Torah to the Jewish people. Then, when we recite וְאָהַבְתָּ, we speak of the ways we will show God our love in return.

Read this selection from אַהֲבָה רַבָּה.

1. אַהֲבָה רַבָּה אֲהַבְתָּנוּ, יְיָ אֱלֹהֵינוּ, חֶמְלָה גְדוֹלָה וִיתֵרָה

2. חָמַלְתָּ עָלֵינוּ. אָבִינוּ מַלְכֵּנוּ, בַּעֲבוּר אֲבוֹתֵינוּ שֶׁבָּטְחוּ בְךָ

3. וַתְּלַמְּדֵם חֻקֵּי חַיִּים, כֵּן תְּחָנֵּנוּ וּתְלַמְּדֵנוּ.

4. אָבִינוּ, הָאָב הָרַחֲמָן, הַמְרַחֵם, רַחֵם עָלֵינוּ וְתֵן בְּלִבֵּנוּ

5. לְהָבִין וּלְהַשְׂכִּיל, לִשְׁמֹעַ לִלְמֹד וּלְלַמֵּד, לִשְׁמֹר וְלַעֲשׂוֹת

6. וּלְקַיֵּם אֶת־כָּל־דִּבְרֵי תַלְמוּד תּוֹרָתֶךָ בְּאַהֲבָה.

27

מִי כָמֹכָה

A Song of Praise

When God freed the Jews from slavery in Egypt, they sang a song of praise to God. Below are words from the first two lines of that song. Place the Hebrew words in the correct order. Use the English below each word as your guide.

(Hint: See page 42 in your textbook.)

כָמֹכָה   בַּקֹדֶשׁ   מִי   יְיָ

כָמֹכָה   בָּאֵלִם   נֶאְדָּר

_____	_____	_____	_____
Adonai	among the gods	like You	who
_____	_____	_____	_____
in holiness	majestic	like You	who

MMMM!

Cross out the letters that do not have the sound "m."

ס ב ט ם מ ס ט מ ט מ ס ב מ ס ב מ

ם מ ס ם ב ט מ ט מ מ ס ט מ ב ם

READING SKILLS

Practice reading each word.

Circle the two words that appear in מִי כָמֹכָה.

1. וּמֵטִיב   מַלְכֵּנוּ   מְטוּבֶךְ   כָּמֹכָה   וּמְפַרְנֵס

2. יַם סוּף   הַחוֹסִים   בָּאֵלִם   מְקַלְסִים   יָדַיִם

Practice reading each phrase.

3. גּוֹמֵל חֲסָדִים טוֹבִים   6. סוֹמֵךְ נוֹפְלִים

4. הַטּוֹב וְהַמֵּטִיב   7. מִי כָמֹכָה בָּאֵלִם

5. בְּחֵן בְּחֶסֶד וּבְרַחֲמִים   8. שָׂבַעְנוּ מִטּוּבֶךְ

Write the phrase meaning "Who is like You among the gods (other people worship)?"

_____

29

READING RULE

Double Dots

Sometimes שׁ and שׂ with the vowel ֹ look like this: שֹׁ.

The symbol שֹׁ has the sound "sho" at the beginning of a word. The dot on the *left* is the vowel "oh." Practice reading these words: שֹׁמֵעַ שֹׁכֵן.

The symbol שֹׂ has the sound "os" in the middle of a word. The dot on the *right* is the vowel "oh." Practice reading these words: עֹשֶׂה נֹשֵׂא.

Double Take

Add double dots to each שׁ to make the words say "sho." Read each completed word aloud.

....

שׁגָּג	שׁרֵשׁ	שׁכֵן	שׁמֵעַ	.1
שׁבֵר	שׁפְטֵי	שׁרֵד	שׁטָה	.2

....

Add double dots to each שׂ to make the words say "os." Read each completed word aloud.

....

נֹשְׂאִים	עֹשִׂי	נֹשֵׂא	עֹשֶׂה	.3

....

SIDDUR PHRASES

Read each word with שׂ.

Then read each complete phrase.

....

.4 וְהָיוּ לִמְשִׁסָּה שֹׁאסָיִךְ   .1 קוֹל יְיָ שֹׁבֵר אֲרָזִים

.5 עֹשֶׂה שָׁלוֹם בִּמְרוֹמָיו   .2 נוֹרָא תְהִלֹּת עֹשֵׂה פֶלֶא

.6 בֹּא יָבֹא בְרִנָּה נֹשֵׂא   .3 מִצִּיּוֹן שֹׁכֵן יְרוּשָׁלַיִם
אֲלֻמֹּתָיו   הַלְלוּיָהּ

Which phrase do we read in מִי כָמֹכָה? #_____

RECOGNIZING THE ROOT קדש

The root קדש means "holy." Words built on the root קדש appear many times in the סִדוּר.

Read each phrase from the סִדוּר. Write the word(s) built on the root קדש on the line next to each phrase.

1. אֲשֶׁר קִדְּשָׁנוּ _____

2. נֶאְדָר בַּקֹּדֶשׁ _____

3. וּקְדוֹשִׁים בְּכָל יוֹם יְהַלְלוּךְ _____

4. קְדֻשָׁתְךָ נַקְדִּישׁ _____

5. מְקַדֵּשׁ מֶלֶךְ עִיר מְלוּכָה _____

Which phrase appears in מִי כָמֹכָה? #_____

COME TO ORDER

Write the names of the following prayers in the order they appear in the evening and the morning service.

(Hint: Look at the Table of Contents on page 3 of your textbook.)

מִי כָמֹכָה   וְאָהַבְתָּ   יוֹצֵר אוֹר
מַעֲרִיב עֲרָבִים   בָּרְכוּ   שְׁמַע

Evening Service

4. _____	1. _____
5. _____	2. _____
	3. _____

Morning Service

4. _____	1. _____
5. _____	2. _____
	3. _____

31

JUST FOR FUN

Below are important prayer words you have learned in lessons 1 through 5.

Play this Bingo game to review the meaning of the words. Write the number of each English word in the correct space on the card. The first example has been done for you.

1. praised, blessed
2. living, lives
3. Israel
4. mezuzot

5. peace
6. you shall love
7. hear
8. makes

9. forever and ever
10. like You
11. light
12. in holiness

13. darkness
14. our God
15. one
16. your heart

			15
לְבָבְךָ	יִשְׂרָאֵל	שָׁלוֹם	אֶחָד
אֱלֹהֵינוּ	כָּמֹכָה	חֹשֶׁךְ	שְׁמַע
בַּקֹּדֶשׁ	עֹשֶׂה	וְאָהַבְתָּ	אוֹר
מְזֻזוֹת	בָּרוּךְ	חַי	לְעוֹלָם וָעֶד

בִּרְכַּת גְּאוּלָה

The word "redemption"—גְּאוּלָה—means "freed from captivity." בִּרְכַּת גְּאוּלָה
is recited following the שְׁמַע and וְאָהַבְתָּ. In this prayer we recall the time when
God rescued the Israelites from slavery in Egypt. We praise God for our freedom. A
section of this blessing includes the verses of מִי כָמֹכָה. Practice this selection of
בִּרְכַּת גְּאוּלָה from the evening service.

1. מִי־כָמֹכָה בָּאֵלִם, יְיָ?

2. מִי כָּמֹכָה, נֶאְדָּר בַּקֹּדֶשׁ, נוֹרָא תְהִלֹּת, עֹשֵׂה פֶלֶא?

3. מַלְכוּתְךָ רָאוּ בָנֶיךָ, בּוֹקֵעַ יָם לִפְנֵי מֹשֶׁה; זֶה אֵלִי, עָנוּ וְאָמְרוּ.

4. יְיָ יִמְלֹךְ לְעֹלָם וָעֶד.

5. וְנֶאֱמַר כִּי־פָדָה יְיָ אֶת־יַעֲקֹב וּגְאָלוֹ מִיַּד חָזָק מִמֶּנּוּ.

6. בָּרוּךְ אַתָּה, יְיָ, גָּאַל יִשְׂרָאֵל.

בְּרָכוֹת

Thank You!

When we recite a בְּרָכָה, a *blessing*, we praise God for things God has created. This is one way we say "thank You; we appreciate what You have done for us." When we recite a blessing, we use a *blessing formula*—the same six words to begin each blessing. Write the words of the blessing formula in the correct order. Use the English below each line as your guide.

הָעוֹלָם   אֱלֹהֵינוּ   בָּרוּךְ   יְיָ   מֶלֶךְ   אַתָּה

_____	_____	_____
Adonai	(are) You	praised

_____	_____	_____
(of) the world	Ruler	our God

COUNT YOUR BLESSINGS

Think about the important things and people in your life.

Write your own blessing in English for things and people in your life for which you are grateful (example: parents, friendships . . .).

_____

_____

_____

_____

RECOGNIZING THE ROOT מלכ

The root of the word מֶלֶךְ is מלכ ("rule").

Words built on the root מלכ often refer to God and to God's kingdom.

Sometimes the last letter in the root מלכ changes to the family letter כ or ךְ.

Below are nine words built on the root מלכ.

Circle the three root letters in each word.

מֶלֶךְ   הַמְּלָכִים   מַלְכוּתוֹ   מַלְכָּה   תִּמְלוֹךְ

מַלְכֵּנוּ   יִמְלֹךְ   לְמַלְכֵּנוּ   מַלְכֵי

PICK A FRUIT

The Hebrew word פְּרִי, "(the) fruit (of)," is part of three well-known בְּרָכוֹת.

Add the Hebrew word meaning "(the) fruit (of)" to complete each בְּרָכָה.

Read each completed בְּרָכָה aloud.

בָּרוּךְ אַתָּה, יְיָ אֱלֹהֵינוּ, מֶלֶךְ הָעוֹלָם,

Praised are You, Adonai our God, Ruler of the world

בּוֹרֵא _____ הָעֵץ

who creates *the fruit of* the tree

בּוֹרֵא _____ הַגָּפֶן

who creates *the fruit of* the vine

בּוֹרֵא _____ הָאֲדָמָה

who creates *the fruit of* the earth

MAKE BELIEVE

The Hebrew word-parts below can make you believe you are reading English words. Do you recognize each sound-alike word?

1.   פֵּט   פְּנִי   פִּיל   פַּת   פֵּיא

2.   פֹן   פִּית   פֵּק   פֵּל   פֵּים

3.   רוּף   לִיף   סֵף   לוּף   בְּף

LETTERS INTO WORDS

The letter פ is a member of the letter family פ פ ף.

Read each word aloud. Circle the word meaning "(the) fruit (of)."

1.   הַגֶּפֶן   פּוֹתֵחַ   נוֹפְלִים   פַּרְנָסָה   אַפַּיִם

2.   שׁוֹפָר   כְּפוּפִים   פְּרִי   פְּעָמִים   תְּפִלָה

3.   אָלֶף   קָלַף   מוּסָף   זוֹקֵף   כָּנָף

BLESSINGS OF MITZVAH

בְּרְכוֹת שֶׁל מִצְוָה, *blessings of mitzvah*, praise God for actions we are commanded to perform. Every בְּרָכָה שֶׁל מִצְוָה begins with the same ten words. Write the ten words in the correct order on the lines below. Use the English below each line as your guide.

בָּרוּךְ קָדְשָׁנוּ אֱלֹהֵינוּ בְּמִצְוֹתָיו אַתָּה

הָעוֹלָם וְצִוָּנוּ יְיָ אֲשֶׁר מֶלֶךְ

praised	(are) You	Adonai	our God	Ruler	(of) the world
___	___	___	___	___	___

who	makes us holy	with God's commandments	and commands us
___	___	___	___

36

READING RULE

Recognizing "Vo"

Sometimes the letter Vav looks like this: וֹ. It looks like the vowel וֹ (טוֹ בּוֹ קוֹ).
However, וֹ has the sound "vo" if it follows a letter that already has a vowel. (צְוֹ עָוֹ)

Word Building

Read each word aloud.

7. בְּמִצְוֹת		5. מִצְוֹת		3. עֲוֹנָה		1. עָוֹן	
8. בְּמִצְוֹתָיו		6. מִצְוֹתַי		4. עֲוֹנָתִי		2. עֲוֹנִי	

SIDDUR PHRASES

Read each phrase below. Circle the number next to the phrase that is part of
every בְּרָכָה שֶׁל מִצְוָה.

3. וּבְמִצְוֹתֶיךָ תִּרְדּוֹף נַפְשִׁי		1. קִדְּשָׁנוּ בְּמִצְוֹתָיךְ	
4. בְּמִצְוֹתָיו וְצִוָּנוּ		2. וַעֲשִׂיתֶם אֶת כָּל מִצְוֹתַי	

VOWEL KNOW-HOW

The vowel sounds ַ and ֵ followed by a י at the end of a word have the sound "eye."
(אֲבוֹתַי אֲדֹנָי)

Sometimes the letter וֹ follows יָ at the end of a word. The ending יוָ has the
sound "ahv."

Read each word-part. Then read the whole word.

4. דְּבָרָיו רָיו		1. דָּיו יָדָיו	
5. עַכְשָׁיו שָׁיו		2. נָיו עֵינָיו	
6. עָלָיו לָיו		3. תָּיו בְּמִצְוֹתָיו	

Write the correct word from the list above to complete this phrase
from בְּרָכוֹת שֶׁל מִצְוָה.

אֲשֶׁר קִדְּשָׁנוּ _____ וְצִוָּנוּ

37

SIDDUR PHRASES

In each phrase read the word that ends with the sound "ahv." Then read the complete phrase.

1. וְחָסִיד בְּכָל מַעֲשָׂיו

2. בְּנֵה בְּרַחֲמָיו יְרוּשָׁלַיִם אָמֵן

3. יָאֵר יְיָ פָּנָיו אֵלֶיךָ

4. אֲשֶׁר קִדְּשָׁנוּ בְּמִצְוֹתָיו וְצִוָּנוּ

5. הָאֵל הַנֶּאֱמָן בְּכָל דְּבָרָיו

6. עוֹשֶׂה שָׁלוֹם בִּמְרוֹמָיו

Write the number of the phrase that means "who makes us holy with God's commandments and commands us"? _____

RECOGNIZING THE ROOT צוה
From the תּוֹרָה

This is the way letters look in a סֵפֶר תּוֹרָה.

אבגדהוזחטיכרלמסננסעפפצץקרשת

Many words in the תּוֹרָה are built on the root צוה ("command").

Sometimes a word does not include all the root letters. Some of the words below are missing the root letter ה.

Read each word aloud.

מִצְוָה   צַוְּךָ   צִוָּה   מְצַוְּךָ   צִוָּנוּ   מִצְוֹת

The following are the same words as they appear in the סֵפֶר תּוֹרָה.

Write each word from the above list on the line next to the matching word from the סֵפֶר תּוֹרָה.

4. מצוך _____		1. צוה _____
5. צוך _____		2. מצות _____
6. מצוה _____		3. צונו _____

38

THE TEN COMMANDMENTS

God's מִצְוֹת—"commandments"—help us to lead good and honest lives. They teach us how to help other people and to take care of our world. Some of the best-known מִצְוֹת are the Ten Commandments. Can you read these מִצְוֹת in Hebrew?

1. אָנֹכִי יְיָ אֱלֹהֶיךָ
   I am Adonai your God.

2. לֹא יִהְיֶה לְךָ אֱלֹהִים אֲחֵרִים עַל פָּנָי
   Do not worship any other gods.

3. לֹא תִשָּׂא אֶת שֵׁם יְיָ אֱלֹהֶיךָ לַשָּׁוְא
   Do not take the name of Adonai your God in vain.

4. זָכוֹר אֶת יוֹם הַשַּׁבָּת לְקַדְּשׁוֹ
   Remember the Sabbath day to keep it holy.

5. כַּבֵּד אֶת אָבִיךָ וְאֶת אִמֶּךָ
   Honor your father and your mother.

6. לֹא תִרְצָח
   You shall not murder.

7. לֹא תִנְאָף
   You shall not take another person's wife or husband.

8. לֹא תִגְנֹב
   You shall not steal.

9. לֹא תַעֲנֶה בְרֵעֲךָ עֵד שָׁקֶר
   You shall not bear false witness against your neighbor.

10. לֹא תַחְמֹד בֵּית רֵעֶךָ
    You shall not covet your neighbor's house.

בִּרְכוֹת שֶׁל שַׁבָּת

Welcoming Shabbat

On Friday evening we welcome Shabbat. We recite בְּרָכוֹת over candles, wine, and bread.

Write the correct *concluding words* for each of the בְּרָכוֹת. Use the English below each line as your guide. When you have completed the activity, recite each complete בְּרָכָה.

בּוֹרֵא   מִן   לְהַדְלִיק   הַמּוֹצִיא   שַׁבָּת

שֶׁל   פְּרִי   הָאָרֶץ   נֵר   הַגָּפֶן   לֶחֶם

Candles

_____	_____	_____	_____
Shabbat	of	a light	to light

Wine

_____	_____	_____
the vine	(the) fruit (of)	who creates

Bread

_____	_____	_____	_____
the earth	from	bread	who brings forth

SAYING GOODBYE TO SHABBAT

- What is the name of the ceremony at the end of שַׁבָּת?

  (Hint: See page 75 in your textbook.)

  _____

  What is the English meaning of the word?

  _____

- During this ceremony we say blessings over wine, sweet spices, and a special braided candle. Unscramble the blessing endings. Then write the English meaning for each ending.

English	Hebrew
	פְּרִי בּוֹרֵא הַגָּפֶן
_____	_____
	בּוֹרֵא בְשָׂמִים מִינֵי
_____	_____
	הָאֵשׁ מְאוֹרֵי בּוֹרֵא
_____	_____

Add the correct final letter to the end of each word: ם ן ץ ף ך.

Write the English meaning below the completed word.

מֶלֶ ___	אָמְ ___	הָאָרֶ ___	בָּרוּ ___
_____	_____	_____	_____

מְ ___	הַגָּפֶ ___	לֶחֶ ___	הָעוֹלָ ___
_____	_____	_____	_____

41

SIDDUR PHRASES

Read each set of phrases below.

In the box above each set write the final letter that appears in the phrases.

1. הַמּוֹצִיא לֶחֶם

7. לֹא יַחֲלִיף הָאֵל

2. מִינֵי בְשָׂמִים

8. עַל צִיצת הַכָּנָף פְּתִיל תְּכֵלֶת

3. בֵּין יוֹשְׁבִין וּבֵין מְסֻבִּין

9. בָּרוּךְ אַתָּה

4. בּוֹרֵא פְּרִי הַגָּפֶן

10. אֱלֹהֵינוּ מֶלֶךְ

5. חָמֵץ וּמַצָּה

11. לְדוֹר וָדוֹר נַגִּיד גָּדְלֶךָ

6. הוֹדוּ עַל אֶרֶץ

12. מַלְכוּתְךָ מַלְכוּת

42

READING RULE

Final ךְ

Sometimes Final ךְ has a דָּגֵשׁ, a dot in the letter: ךּ. Then it has the sound "k."

The letter-vowel combination ךָ has the sound "kah."

Word Building

Read the word-parts. Then read the whole word.

אוֹדְךָ	דֶּךָ	אוֹ	.1
וִיחֻנֶּךָ	נֶּךָ	וִיחֻ	.2
אַשְׂבִּיעֶךָ	עֶךָ	בִּי	אַשְׂ	.3
תְּמַגְּנֶךָ	נֶךָ	מַגְּ	תְּ	.4
אֲבָרְכֶךָ	כֶךָ	בָרְ	אֲ	.5
וָאֲחַלְּצֶךָ	צֶךָ	חַלְּ	וָאֲ	.6

SIDDUR PHRASES

Circle the number next to the siddur phrases with a word ending ךָ.

Read the word. Then read the complete phrase.

Then practice reading all the phrases.

1. אֲשֶׁר אָנֹכִי מְצַוְּךָ	4. יָאֵר יְיָ פָּנָיו אֵלֶיךָ וִיחֻנֶּךָּ
2. בְּכָל יוֹם אֲבָרְכֶךָּ	5. מוֹדֶה אֲנִי לְפָנֶיךָ
3. בְּאֵלִיָּהוּ הַנָּבִיא עַבְדֶּךָ	6. עֲטֶרֶת תִּפְאֶרֶת תְּמַגְּנֶךָ

Which phrase has words ending with ךָ and ךְ?   #_____

ACCURATE ACCENTS

When we pronounce Hebrew words, we usually accent the last letter-vowel combination.

חַסְ **דֵּי** חַסְדֵּי   מִצְ **וֹת** מִצְוֹת

When the endings ךָ , ךְ , ךֶ , יךָ , נוּ , and יְנוּ appear, the accent is on the letter-vowel combination that comes *before* נוּ or ךְ.

מוֹשִׁי **עֵ**נוּ מוֹשִׁיעֵנוּ   עַ **מְּ**ךָ עַמְּךָ

Read the following words. Remember to accent the correct letter-vowel combination!

שַׁבְּעֵנוּ	זִכְרוֹנֵנוּ	מַלְכֵּנוּ	1. בָּרְכֵנוּ
אֲדוֹנֵינוּ	עָלֵינוּ	אֲבוֹתֵינוּ	2. אֱלֹהֵינוּ
תּוֹרָתֶךָ	בֵּיתֶךָ	מְאֹדֶךָ	3. עַמְּךָ
אֵלֶיךָ	פָּנֶיךָ	עֵינֶיךָ	4. מַעֲשֶׂיךָ

44

אֵין כֵּאלֹהֵינוּ

Practice reading אֵין כֵּאלֹהֵינוּ, which congregations traditionally sing at the end of the Shabbat Morning Service.

1. אֵין כֵּאלֹהֵינוּ   אֵין כַּאדוֹנֵינוּ

2. אֵין כְּמַלְכֵּנוּ   אֵין כְּמוֹשִׁיעֵנוּ

3. מִי כֵאלֹהֵינוּ   מִי כַאדוֹנֵינוּ

4. מִי כְמַלְכֵּנוּ   מִי כְמוֹשִׁיעֵנוּ

5. נוֹדֶה לֵאלֹהֵינוּ   נוֹדֶה לַאדוֹנֵינוּ

6. נוֹדֶה לְמַלְכֵּנוּ   נוֹדֶה לְמוֹשִׁיעֵנוּ

7. בָּרוּךְ אֱלֹהֵינוּ   בָּרוּךְ אֲדוֹנֵינוּ

8. בָּרוּךְ מַלְכֵּנוּ   בָּרוּךְ מוֹשִׁיעֵנוּ

9. אַתָּה הוּא אֱלֹהֵינוּ   אַתָּה הוּא אֲדוֹנֵינוּ

10. אַתָּה הוּא מַלְכֵּנוּ   אַתָּה הוּא מוֹשִׁיעֵנוּ

11. אַתָּה הוּא שֶׁהִקְטִירוּ אֲבוֹתֵינוּ לְפָנֶיךָ אֶת קְטֹרֶת הַסַּמִּים.

JUST FOR FUN

Below are fifteen Hebrew words (including one root) that appear in בְּרָכוֹת. Find the English meaning of each one in the puzzle and lightly circle each English word or phrase. The English words appear from left to right or from top to bottom.

(Hint: Sometimes letters found in one word are part of another word.)

1. מִן	2. מֶלֶךְ	3. הָאָרֶץ	4. בָּרוּךְ	5. אֲשֶׁר
6. שֶׁל	7. פְּרִי	8. צִוָּה	9. שַׁבָּת	10. לֶחֶם
11. אַתָּה	12. נֵר	13. עוֹלָם	14. לְהַדְלִיק	15. הַגָּפֶן

A	P	G	T	H	E	E	A	R	T	H	T	C
C	R	E	H	K	P	N	O	K	Z	Y	O	U
E	W	I	E	M	R	D	C	A	N	D	L	E
O	O	R	V	Q	A	J	O	Z	S	H	I	N
F	R	U	I	T	I	P	M	O	T	J	G	P
B	L	L	N	U	S	T	M	K	C	R	H	W
X	D	E	E	L	E	S	A	B	B	A	T	H
L	B	R	E	A	D	W	N	A	D	S	V	O
Y	F	R	O	M	B	R	D	E	G	U	L	N

46

וְשָׁמְרוּ

The prayer וְשָׁמְרוּ comes from the Torah. It is found in the Book of Exodus 31:16–17. The prayer commands us—the Children of Israel (בְּנֵי יִשְׂרָאֵל)—to observe שַׁבָּת, which is a sign of the covenant (בְּרִית) between God and the people of Israel. The prayer is recited during the Friday Night Service and the Shabbat Morning Service.

Vocabulary Knowledge

Read the prayer below and look for the Hebrew words that match the English in the exercise. Write each Hebrew word on the line next to the English.

Shabbat _____

rested *(Hint: It is related to* שַׁבָּת.) _____

Children of Israel _____

the earth _____

covenant _____

וְשָׁמְרוּ בְנֵי־יִשְׂרָאֵל אֶת־הַשַׁבָּת לַעֲשׂוֹת אֶת־הַשַׁבָּת
לְדֹרֹתָם בְּרִית עוֹלָם:
בֵּינִי וּבֵין בְּנֵי יִשְׂרָאֵל אוֹת הִיא לְעֹלָם כִּי־שֵׁשֶׁת
יָמִים עָשָׂה יְיָ אֶת־הַשָׁמַיִם וְאֶת־הָאָרֶץ וּבַיּוֹם
הַשְּׁבִיעִי שָׁבַת וַיִּנָּפַשׁ:

And the Children of Israel shall keep Shabbat, observing Shabbat throughout their generations. It is an everlasting covenant, a sign between Me and the Children of Israel forever. For in six days God made Heaven and Earth, and on the seventh day God rested and was refreshed.

בְּרָכוֹת שֶׁל יוֹם טוֹב

A Special Blessing

We recite special blessings throughout the year as we celebrate our Jewish holidays. Each blessing is a way of saying "thank you" to God. In the שֶׁהֶחֱיָנוּ—a blessing that we say on each holiday—we thank God for enabling us to celebrate the holiday once again.

Write the concluding words of the שֶׁהֶחֱיָנוּ blessing in the correct order on the line below. *(Hint: See page 81 in your text.)*

הַזֶּה   וְקִיְּמָנוּ   שֶׁהֶחֱיָנוּ   לַזְּמַן   וְהִגִּיעָנוּ

בָּרוּךְ אַתָּה, יְיָ אֱלֹהֵינוּ, מֶלֶךְ הָעוֹלָם

_____

Now complete the English meaning of the blessing.

Praised are You, Adonai our God, Ruler of the world

_____

HOLIDAY KNOW-HOW

Read the blessing endings. Then write the name of the matching holiday on each line.

רֹאשׁ הַשָּׁנָה   חֲנֻכָּה   סֻכּוֹת   פֶּסַח

1. עַל אֲכִילַת מַצָּה _____
2. לִשְׁמֹעַ קוֹל שׁוֹפָר _____
3. לְהַדְלִיק נֵר שֶׁל חֲנֻכָּה _____
4. עַל נְטִילַת לוּלָב _____
5. עַל אֲכִילַת מָרוֹר _____
6. שֶׁעָשָׂה נִסִּים לַאֲבוֹתֵינוּ בַּיָּמִים הָהֵם בַּזְּמַן הַזֶּה _____

48

LOOK-ALIKES

The letters ה, ח, ת look alike, but they make three very different sounds.

Next to each letter write its name and its sound.

Sound	Name	
_____	_____	ה
_____	_____	ח
_____	_____	ת

Letters Into Words

Can you read each line without a mistake?

1. הַיָּם אַהֲבַת הָהֵם לִהְיוֹת אֲנַחְנוּ

2. רוּחִי מְשִׁיחֶךָ חֵרוּתֵנוּ חַיִּים שֶׁהֶחֱיָנוּ

3. בִּמְהֵרָה בְּמִצְוֹתָיו הָאֲדָמָה שִׂמְחָתֵנוּ הַמַּחֲזִיר

Words Into Phrases

Read each phrase below.

4. וְתֵן חֶלְקֵנוּ בְּתוֹרָתֶךָ

1. כִּי הוּא יוֹם תְּחִלָּה

5. הַשְׁמִיעֵנוּ אֶל הַמְיֻחָד

2. הַמּוֹצִיא לֶחֶם מִן הָאָרֶץ

6. כִּי בָנוּ בָחַרְתָּ וְאוֹתָנוּ קִדַּשְׁתָּ

3. הָאֵל הַגָּדוֹל הַגִּבּוֹר וְהַנּוֹרָא

Write the phrase that is part of the blessing over bread.

49

READING RULE

Ending With "Ach"

The vowel sound ַ is read *before* the ח when חַ comes at the end of a word ("ach").

שָׂמֵחַ   לוּחַ   רוּחַ

Add the ending חַ to complete each word.

Read the completed words.

שָׂמֵ ____   שׁוֹלֵ ____   רֵי ____   רוּ ____   מ ____

וּמַצְמִי ____   לְשַׁבֵּ ____   מְשַׂמֵּ ____   לְהָנִי ____   אוֹרֵ ____

Rhythm Reading

Read each line aloud. Be careful at the end!

1. כֹּחַ   נָשִׂיחַ   מָשִׁיחַ   הָרֵיחַ

2. סוֹלֵחַ   בּוֹטֵחַ   שׁוֹלֵחַ   פּוֹתֵחַ

3. מְשַׂמֵּחַ   לְשַׁבֵּחַ   הַמִּזְבֵּחַ   לְהָנִיחַ

Review: When is the only time we read the vowel *first* upon seeing the letter-vowel combination חַ in a word?

Answer: _____

חֲנֻכָּה SONG

1. מָעוֹז צוּר יְשׁוּעָתִי

2. לְךָ נָאֶה לְשַׁבֵּחַ

3. תִּכּוֹן בֵּית תְּפִלָּתִי

4. וְשָׁם תּוֹדָה נְזַבֵּחַ

5. לְעֵת תָּכִין מַטְבֵּחַ

6. מִצָּר הַמְנַבֵּחַ

7. אָז אֶגְמוֹר בְּשִׁיר מִזְמוֹר

8. חֲנֻכַּת הַמִּזְבֵּחַ

JUST FOR FUN

The phrases below are scrambled endings for holiday בְּרָכוֹת. Unscramble the phrases and you will recognize the בְּרָכוֹת.

- Number the words in the correct order to unscramble them.

- On the line below each phrase write the action you would do after reciting the blessing.

The first example has been done for you.

1.
   בּוֹרֵא הָעֵץ פְּרִי
      2   3   1

   eat fruit
   _____

2.
   לְהַדְלִיק שֶׁל נֵר חֲנֻכָּה

   _____

3.
   פְּרִי בּוֹרֵא הָאֲדָמָה

   _____

4.
   וְצִוָּנוּ לֵישֵׁב בַּסֻּכָּה

   _____

5.
   בּוֹרֵא הַגֶּפֶן פְּרִי

   _____

6.
   שׁוֹפָר לִשְׁמֹעַ קוֹל

   _____

מַה נִּשְׁתַּנָּה

Practice reading and chanting the Four Questions for the Passover seder.

Can you answer each question?

מַה נִּשְׁתַּנָּה הַלַּיְלָה הַזֶּה מִכָּל הַלֵּילוֹת?

1. שֶׁבְּכָל־הַלֵּילוֹת אָנוּ אוֹכְלִין חָמֵץ וּמַצָּה, הַלַּיְלָה הַזֶּה כֻּלּוֹ מַצָּה:

2. שֶׁבְּכָל־הַלֵּילוֹת אָנוּ אוֹכְלִין שְׁאָר יְרָקוֹת, הַלַּיְלָה הַזֶּה מָרוֹר:

3. שֶׁבְּכָל־הַלֵּילוֹת אֵין אָנוּ מַטְבִּילִין אֲפִילוּ פַּעַם אֶחָת, הַלַּיְלָה הַזֶּה שְׁתֵּי פְעָמִים:

4. שֶׁבְּכָל־הַלֵּילוֹת אָנוּ אוֹכְלִין בֵּין יוֹשְׁבִין וּבֵין מְסֻבִּין, הַלַּיְלָה הַזֶּה כֻּלָּנוּ מְסֻבִּין:

1. Why do we eat only unleavened bread—מַצָּה?

_____

2. Why do we eat bitter herbs—מָרוֹר?

_____

3. Why do we dip twice—greens into salt water and bitter herbs into *haroset*?

_____

_____

4. Why do we recline at the seder table?

_____

דַּיֵּנוּ

The song דַּיֵּנוּ lists the wonderful deeds God performed when freeing the Jews from slavery in Egypt. Following each verse of the song we say דַּיֵּנוּ, "It would have been enough" or "We are grateful!"

Practice reading this selection from דַּיֵּנוּ.

1. דַּיֵּנוּ   אִלּוּ הוֹצִיאָנוּ מִמִּצְרַיִם, וְלֹא קָרַע לָנוּ אֶת־הַיָּם,

2. דַּיֵּנוּ   אִלּוּ קָרַע לָנוּ אֶת־הַיָּם, וְלֹא הֶעֱבִירָנוּ בְּתוֹכוֹ בֶּחָרָבָה,

3. אִלּוּ הֶעֱבִירָנוּ בְּתוֹכוֹ בֶּחָרָבָה,
    דַּיֵּנוּ   וְלֹא סִפֵּק צָרְכֵּנוּ בַּמִּדְבָּר אַרְבָּעִים שָׁנָה,

4. אִלּוּ סִפֵּק צָרְכֵּנוּ בַּמִּדְבָּר אַרְבָּעִים שָׁנָה,
    דַּיֵּנוּ   וְלֹא הֶאֱכִילָנוּ אֶת־הַמָּן,

5. דַּיֵּנוּ   אִלּוּ הֶאֱכִילָנוּ אֶת־הַמָּן, וְלֹא נָתַן לָנוּ אֶת־הַשַּׁבָּת,

6. דַּיֵּנוּ   אִלּוּ נָתַן לָנוּ אֶת־הַשַּׁבָּת, וְלֹא קֵרְבָנוּ לִפְנֵי הַר סִינַי,

7. דַּיֵּנוּ   אִלּוּ קֵרְבָנוּ לִפְנֵי הַר סִינַי, וְלֹא נָתַן לָנוּ אֶת־הַתּוֹרָה,

8. דַּיֵּנוּ   אִלּוּ נָתַן לָנוּ אֶת־הַתּוֹרָה, וְלֹא הִכְנִיסָנוּ לְאֶרֶץ יִשְׂרָאֵל,

קִדּוּשׁ

Making Shabbat Holy

The קִדּוּשׁ highlights two themes:

1. Shabbat reminds us of Creation and of the Exodus from Egypt.

2. Shabbat is our sacred inheritance, given to us when God chose us from among all the nations, gave us the Torah, and made us a holy people.

On Friday evening we recite the קִדּוּשׁ, a blessing sanctifying Shabbat. Sanctify means "make holy." Because Shabbat is a joyful event, and because wine is a symbol of joy in Jewish tradition, we sanctify Shabbat by reciting the קִדּוּשׁ over wine.

Below are vocabulary words and phrases from the קִדּוּשׁ. Write each English word or phrase next to the correct Hebrew word or phrase. Note: There are four English words but there are five Hebrew words. If you know your Hebrew vocabulary, you will know why!

sanctification   memory   going out from Egypt   work of creation

_____   (לְ)יצִיאַת מִצְרָיִם

_____   זֵכֶר

_____   (לְ)מַעֲשֵׂה בְרֵאשִׁית

_____   קָדוֹשׁ

_____   זִכָּרוֹן

A SPECIAL VOWEL SOUND

The root קדשׁ is very important in the קָדוֹשׁ.

Unscramble the English meanings of the root קדשׁ and write them on the lines below.

_____   _____

(olyh)   (itysanfc)

Some words built on the root קדשׁ begin with the letter-vowel combination קׇד.

The vowel ׇ has the sound "oh" in the word-part קׇד. Practice reading these word-parts.

שְׁד קׇד שְׁדּ   שְׁדּ קׇד שְׁדּ   קׇד שׁוֹ

Unlock the Combination

Circle the words with the vowel sound "oh."

Then read the words.

(Remember to say "oh" when you read כָּל and כָּל.)

בְּכָל   קְדוּשָׁה   קִדְּשָׁנוּ   קׇדְשְׁךָ   וּבְכָל   קוֹל

מְקַדֵּשׁ   כָּל   קִדַּשְׁתָּ   כָּל   קֹדֶשׁ   קׇדְשׁוֹ

55

SOUND-ALIKE LETTERS

The Hebrew alphabet has letters that sound alike.

• Write the common sound for each set of sound-alike letters below.

כ ק   ב ו   ת ת ט   כ ח   ס שׂ

_____ _____ _____ _____ _____

• Now write the common sound for these sets of letters.

נ ן   צ ץ   מ ם   כ ך   פ ף

_____ _____ _____ _____ _____

What do the letters on the left of each set above have in common?

_____

What's Different?

Cross out the letter below that does not belong in each sound-alike set.

ב כ ק	מ ס ם	כ כ ק
ת ט ח	ע צ ץ	ח ה כ
נ ר ן	ב ו ז	שׂ ס שׁ
פ פ ף	כ כ ךְ	שׁ ס ם

Words Into Phrases

These phrases are read in the קָדוֹשׁ. Practice reading each one.

1. כִּי הוּא יוֹם תְּחִלָּה

4. מְקַדֵּשׁ הַשַּׁבָּת

2. לְמִקְרָאֵי קֹדֶשׁ

5. לְמַעֲשֵׂה בְרֵאשִׁית

3. וּבִרְצוֹן הִנְחַלְתָּנוּ

6. מִכָּל הָעַמִּים

56

RECOGNIZING ROOTS

The words in each numbered group have a common root.

• Read the words in each group.

• Write the root letters and the English meaning next to each group.

The first one has been completed for you.

English	Root	Hebrew	
<u>rule</u>	<u>מ ל כ</u>	יִמְלֹךְ מֶלֶךְ מַלְכוּתוֹ מַלְכֵּנוּ	.1
_____	_____	אַהֲבַת אוֹהֵב וְאָהַבְתָּ אַהֲבָה	.2
_____	_____	בָּרוּךְ בָּרְכוּ הַמְבֹרָךְ בְּרָכָה	.3
_____	_____	זִכָּרוֹן יִזְכּוֹר זִכְרוֹנוֹת זֵכֶר	.4
_____	_____	מִצְוֹת מִצְוָה וְצִוָּנוּ בְּמִצְוֹתָיו	.5
_____	_____	קֹדֶשׁ קָדוֹשׁ קָדְשְׁךָ קִדְּשָׁנוּ	.6
_____	_____	מַעֲרִיב עֶרֶב הָעֶרֶב עַרְבִים	.7

57

VOWEL KNOW-HOW

Sometimes double letters appear in words: מִמ לל.

If the first letter has a *sh'va* (ְ) under it, the two letters are blended together and the *sh'va* is *sounded* ("ih" or "uh").

מְמוּ   רוֹמְמוּ   לְלוּ   הַלְלוּ

Word Building

Read the individual word-parts in each word. Then read the whole word.

1. הַ לְלוּ   הַלְלוּ

2. הַ לְלוּ יָה   הַלְלוּיָה

3. יְ הַ לְלוּ   יְהַלְלוּ

4. יְ הַ לְלוּ ךְ   יְהַלְלוּךְ

5. רוֹ מְמוּ   רוֹמְמוּ

6. רוֹ מְמָ נוּ   רוֹמְמָנוּ

7. יְ רוֹ מְמוּ ךְ   יְרוֹמְמוּךְ

8. הִ נְנִי   הִנְנִי

SIDDUR PHRASES

Read these siddur phrases.

1. הַלְלוּ אֶת שֵׁם יְיָ

2. מֵעַתָּה וְעַד עוֹלָם הַלְלוּיָה

3. וּקְדוֹשִׁים בְּכָל יוֹם יְהַלְלוּךְ

4. וְלִמְקַלְלַי נַפְשִׁי תִדּוֹם

5. רוֹמְמוּ יְיָ אֱלֹהֵינוּ

6. וְרוֹמְמָנוּ מִכָּל לָשׁוֹן

READING RULE

The Letter Yud

Yud (יֹ) is a letter if it has a vowel under it (יָ יְ) or after it (יוֹ יוּ).

The letter יֹ has the sound "y" as in "you."

Yud (יֹ) is part of a vowel sound if it does not have a vowel under it or after it. (יִ ֵי)

Read each line aloud.

	YUD: as a LETTER
.1	יוֹם יָם וַיִּשׁ לִיו יָדְ
.2	יֶה נָיִם יַע יְהֵא יֵשׁ
.3	בַּיוֹם וְהָיוּ וַיְכֻלוּ יִשְׂרָאֵל הַלְלוּיָהּ

	YUD: as part of a VOWEL
.4	אִי אֵי אֵי אַי אָי
.5	בְּנֵי רָאֵי עָלַי טֶיךָ בָּאִי וִימֵי
.6	אֱלֹהֵינוּ בְּרַחֲמָיו אֱלֹהֵי הַשִּׁשִּׁי מִפָּנֶיךָ

	YUD: as a LETTER/as a VOWEL
.7	חַיֵּי יְהִי יָדַי יָים יְמִין יֵיךְ
.8	יַגִּיד יְמֵי יָחִיד יוֹתֵי יֵינָה יוֹשִׁי
.9	בְּמִצְוֺתָיו לִיצִיאַת יָדֶךְ לְמִקְרָאֵי מִצְרַיִם

INTRODUCTION TO THE קִדּוּשׁ

The following passage is from the Torah (Genesis 2:1-3). It is also the introduction to the קִדּוּשׁ. In this passage we read that God blessed the seventh day and called it holy. God rested from all the work of Creation.

Read each word in the passage with a יּ. Then practice reading the complete passage.

וַיְכֻלּוּ הַשָּׁמַיִם וְהָאָרֶץ וְכָל־צְבָאָם: וַיְכַל אֱלֹהִים

בַּיּוֹם הַשְּׁבִיעִי מְלַאכְתּוֹ אֲשֶׁר עָשָׂה וַיִּשְׁבֹּת בַּיּוֹם

הַשְּׁבִיעִי מִכָּל־מְלַאכְתּוֹ אֲשֶׁר עָשָׂה: וַיְבָרֶךְ אֱלֹהִים

אֶת־יוֹם הַשְּׁבִיעִי וַיְקַדֵּשׁ אֹתוֹ. כִּי בוֹ שָׁבַת

מִכָּל־מְלַאכְתּוֹ אֲשֶׁר־בָּרָא אֱלֹהִים לַעֲשׂוֹת:

A SPECIAL קִדּוּשׁ

We read a special קִדּוּשׁ on the holidays of פֶּסַח, שָׁבוּעוֹת, סֻכּוֹת,
שְׁמִינִי עֲצֶרֶת, and שִׂמְחַת תּוֹרָה.

Practice reading these holiday additions.

On פֶּסַח: יוֹם חַג הַמַּצּוֹת הַזֶּה, זְמַן חֵרוּתֵנוּ

On שָׁבוּעוֹת: יוֹם חַג הַשָּׁבוּעוֹת הַזֶּה, זְמַן מַתַּן תּוֹרָתֵנוּ

On סֻכּוֹת: יוֹם חַג הַסֻּכּוֹת הַזֶּה, זְמַן שִׂמְחָתֵנוּ

On שְׁמִינִי עֲצֶרֶת
and שִׂמְחַת תּוֹרָה: יוֹם הַשְּׁמִינִי, חַג הָעֲצֶרֶת הַזֶּה, זְמַן שִׂמְחָתֵנוּ

Matching Words

Several words appear more than once in the festival קִדּוּשׁ.

Read each set of phrases aloud.

3. שָׂשׂוֹן		1. מוֹעֵד
חַגִּים וּזְמַנִּים לְשָׂשׂוֹן		מוֹעֲדִים לְשִׂמְחָה
בְּשִׂמְחָה וּבְשָׂשׂוֹן הִנְחַלְתָּנוּ		וּמוֹעֲדֵי קָדְשֶׁךָ

4. שַׁבָּת		2. שִׂמְחָה
אֶת יוֹם הַשַּׁבָּת הַזֶּה		וּמוֹעֲדִים לְשִׂמְחָה
וְשַׁבָּת וּמוֹעֲדֵי קָדְשֶׁךָ		זְמַן שִׂמְחָתֵנוּ
מְקַדֵּשׁ הַשַּׁבָּת וְיִשְׂרָאֵל		בְּשִׂמְחָה וּבְשָׂשׂוֹן

5. עַם

מִכָּל עַם וְרוֹמְמָנוּ מִכָּל לָשׁוֹן

וְאוֹתָנוּ קִדַּשְׁתָּ מִכָּל הָעַמִּים

There are many phrases and sentences in the festival קִדּוּשׁ that will be familiar to you because they are found in the קִדּוּשׁ we recite each week on Shabbat. Sometimes the festival falls on Shabbat and we celebrate a double holiday! When this happens we add the words in brackets to honor Shabbat. Use your reading skills to guide you through the festival קִדּוּשׁ!

1. בָּרוּךְ אַתָּה, יְיָ אֱלֹהֵינוּ, מֶלֶךְ הָעוֹלָם, בּוֹרֵא פְּרִי הַגָּפֶן.

2. בָּרוּךְ אַתָּה, יְיָ אֱלֹהֵינוּ, מֶלֶךְ הָעוֹלָם, אֲשֶׁר בָּחַר בָּנוּ

3. מִכָּל־עָם וְרוֹמְמָנוּ מִכָּל־לָשׁוֹן, וְקִדְּשָׁנוּ בְּמִצְוֹתָיו. וַתִּתֶּן לָנוּ יְיָ

4. אֱלֹהֵינוּ בְּאַהֲבָה (שַׁבָּתוֹת לִמְנוּחָה וּ)מוֹעֲדִים לְשִׂמְחָה, חַגִּים

5. וּזְמַנִּים לְשָׂשׂוֹן, אֶת־יוֹם (הַשַּׁבָּת הַזֶּה וְאֶת־יוֹם)

On פֶּסַח we add:

6. חַג הַמַּצּוֹת הַזֶּה, זְמַן חֵרוּתֵנוּ,

On שָׁבוּעוֹת we add:

7. חַג הַשָּׁבוּעוֹת הַזֶּה, זְמַן מַתַּן תּוֹרָתֵנוּ,

On סֻכּוֹת we add:

8. חַג הַסֻּכּוֹת הַזֶּה, זְמַן שִׂמְחָתֵנוּ,

On שִׂמְחַת תּוֹרָה/שְׁמִינִי עֲצֶרֶת we add:

9. הַשְּׁמִינִי, חַג הָעֲצֶרֶת הַזֶּה, זְמַן שִׂמְחָתֵנוּ,

10. (בְּאַהֲבָה) מִקְרָא קֹֽדֶשׁ, זֵֽכֶר לִיצִיאַת מִצְרָֽיִם, כִּי בָֽנוּ בָחַֽרְתָּ

11. וְאוֹתָֽנוּ קִדַּֽשְׁתָּ מִכָּל־הָעַמִּים (וְשַׁבָּת) וּמוֹעֲדֵי קָדְשֶֽׁךָ

12. (בְּאַהֲבָה וּבְרָצוֹן) בְּשִׂמְחָה וּבְשָׂשׂוֹן הִנְחַלְתָּֽנוּ.

13. בָּרוּךְ אַתָּה יְיָ, מְקַדֵּשׁ (הַשַּׁבָּת וְ) יִשְׂרָאֵל וְהַזְּמַנִּים.

63

Script	Print	Name	Letter		Script	Print	Name	Letter
		Final Mem	ם				Alef	א
		Nun	נ				Bet	בּ
		Final Nun	ן				Vet	ב
		Samech	ס				Gimmel	ג
		Ayin	ע				Dalet	ד
		Pay	פ				Hay	ה
		Fay	פ				Vav	ו
		Final Fay	ף				Zayin	ז
		Tsadee	צ				Het	ח
		Final Tsadee	ץ				Tet	ט
		Koof	ק				Yud	י
		Resh	ר				Kaf	כּ
		Shin	שׁ				Chaf	כ
		Sin	שׂ				Final Chaf	ך
		Tav	ת				Lamed	ל
		Tav	ת				Mem	מ